# El Papus i jo

*Per als meus fills, la Maria i el Martí*

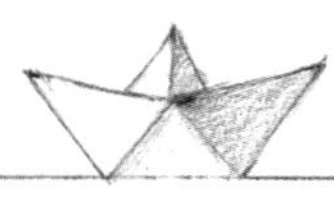

*El meu agraïment a l'Elisa Ramon per l'ajuda i l'assessorament en el text. FR*

Títol original: *Mi Papus y yo*

Passeig de Sant Joan Bosco, 62
08017 Barcelona
www.edebe.com

Atenció al client: 902 44 44 41
contacta@edebe.net

*Directora de Publicacions:* Reina Duarte
*Editora i traductora:* Elisenda Vergés-Bo
*Disseny de la col·lecció:* Book & Look

Primera edició, setembre 2021

ISBN: 978-84-683-5306-7
Dipòsit legal: B. 7108-2021
Imprès a Espanya
Printed in Spain
EGS - Rosari, 2 - Barcelona

# El Papus i jo

*Text i il·lustracions de Francesc Rovira*

**edebé**

A casa som dos: el pare i jo. La mare va morir fa uns quants anys. Jo era molt petita i gairebé no la recordo, però el pare m'explica coses d'ella i m'ensenya fotos en què sortim juntes. La mare era molt guapa. «I simpàtica», diu el Papus.

Papus és com li dic jo, al pare. Ni papa, ni papi, ni papà.

El Papus és el penúltim de la penúltima fila del dibuix, el que no porta corbata.

El Papus fa les coses a la seva manera. Un dia es va posar el jersei del revés i un mitjó de cada color.

Diuen que, si et poses el jersei del revés, plou. Aquell dia no va parar de ploure i, a sobre, el Papus es va deixar el paraigua.

Un altre dia, el Papus va decidir que s’havien de rentar els meus ninots de peluix. Tots van sortir de la rentadora més petits i de color diferent, tret d'en Paluto, el meu preferit.

El Papus no té una feina i prou. Fa una mica de tot: dibuixa, escriu, arregla coses, fa classes de dibuix i fotografia núvols (té milers de fotos de núvols). També fa vaixells de paper de totes les mides, li agraden les plantes i cuina molt rebé.

ABC
DEF
GHI
JKL
MNO
PQR
STU
VXY

Tot i que un dia, fent un pa de pessic de xocolata, va confondre el sucre amb la sal. El pa de pessic va sortir fastigós, però ens ho vam passar la mar de bé fent-lo!

De vegades s'entossudeix a no repetir cap àpat durant un mes. En Paluto i jo n'estem encantats i l'ajudem a la cuina.

El Papus té la cuina plena de notes amb idees que li venen al cap. «Per no oblidar-me'n», diu.

Al Papus li agraden tant els núvols que me'n va pintar una pila a l'edredó.

A mi també m'agraden molt.

Una vegada vam comprar uns mobles per a la meva habitació. Calia muntar-los, com si fossin una joguina.

El Papus va perdre les instruccions i els va armar a la seva manera. Un cop enllestits, no s'assemblaven gens als de les fotos. Per al meu gust, van quedar molt més bonics.

Els dissabtes a la nit per sopar mengem pizza o burritos o entrepans calents de pernil i formatge. I mirem algun capítol de la nostra sèrie preferida. Tots dos som fans d'una sèrie en què passen moltes coses, i surten molts dolents i molts bons. És genial!

Una tarda, al Papus se li va acudir encerar el terra de tota la casa. Va dir que la seva mare, l'àvia, ho feia sovint. Allò es va convertir en una pista de patinatge fantàstica, fins que em vaig clavar un bon cop i em va sortir un nyanyo, que em va durar uns quants dies. Des de llavors que no ho ha tornat a fer.

A casa, tenim un balcó petit amb una tauleta i dues cadires que no es poden moure ni es poden fer servir per seure, perquè al Papus li agraden tant les plantes que els testos ho envaeixen tot.

És un «balcó-selva».

Alguns caps de setmana anem a casa del tiet.

La casa del tiet té un jardí amb piscina, un gat i una gallina que menja cucs i les galetes del gat. Al gat tant li fa, són amics.

El tiet es passa el dia llegint i escrivint, i parlant amb el pare, que alhora es passa el dia cuinant. Mentrestant, jo jugo amb en Miqui a la piscina. En Miqui és el veí del costat.

Quan dorm, el Papus ronca molt, però jo me'n vaig a dormir abans i així no el sento.

Els dissabtes, com que soc la primera de llevar-me i ell continua roncant, li poso música d'una dona que a ell li agrada molt i que canta cridant. I, llavors, el Papus para de roncar.

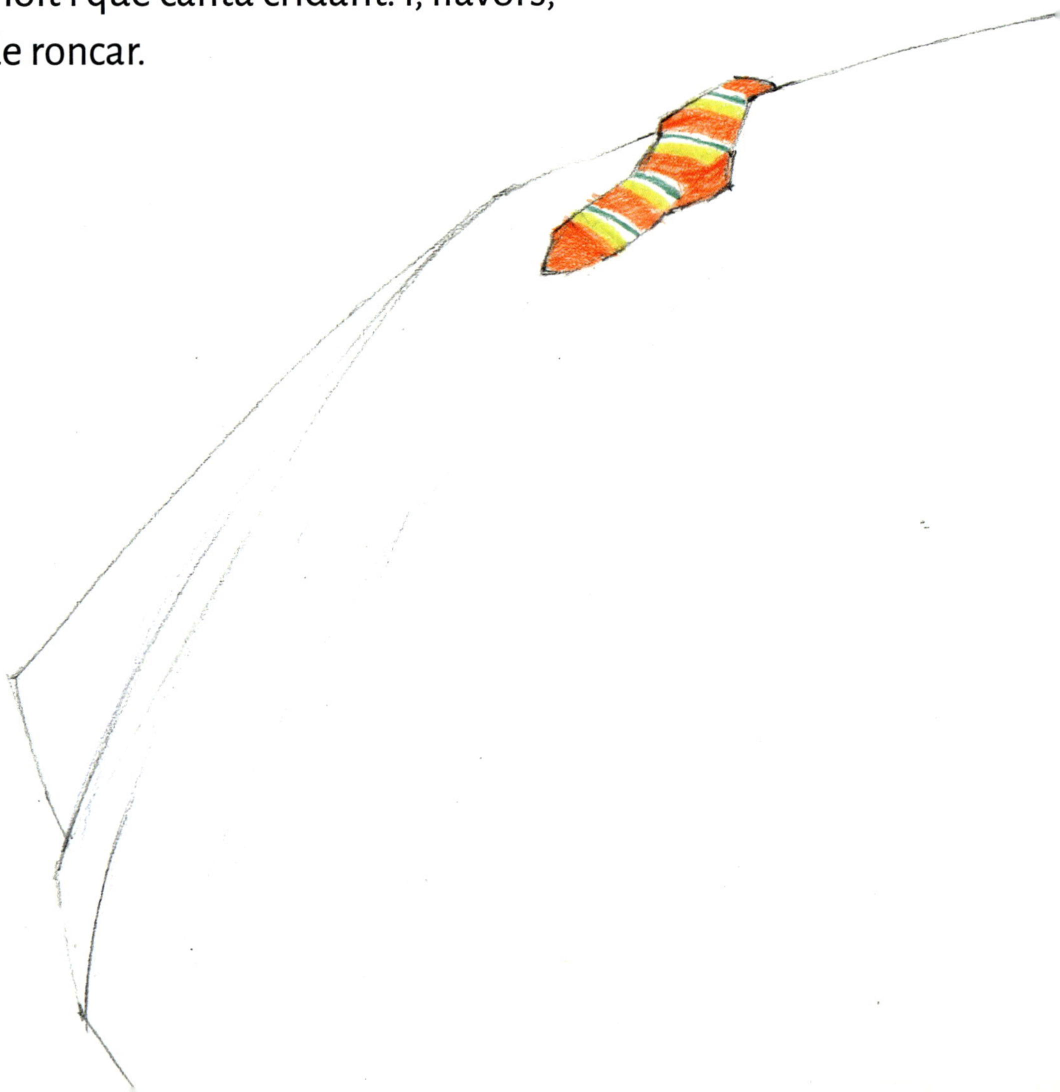

Els diumenges, si fa bon temps, preparem entrepans i anem a veure la mar. Per al Papus, bon temps és quan plou.

Ens encanta veure ploure sobre l'aigua i mirar l'horitzó!

I bé, fem més coses, però ho deixo aquí. El Papus em crida perquè ara prepararem unes galetes boníssimes amb canyella i trossets de xocolata...

Un altre dia m'expliques tu què fas.

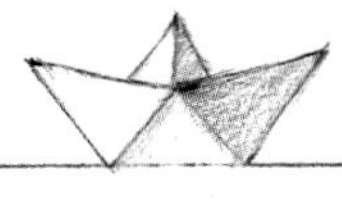

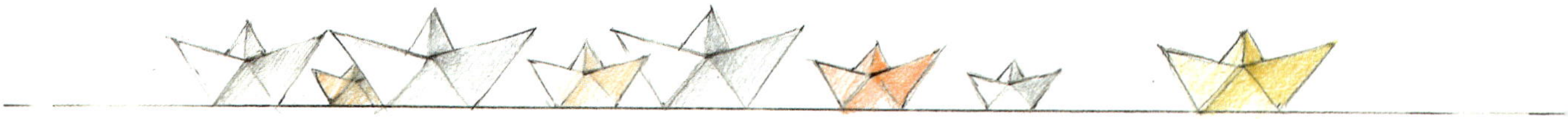

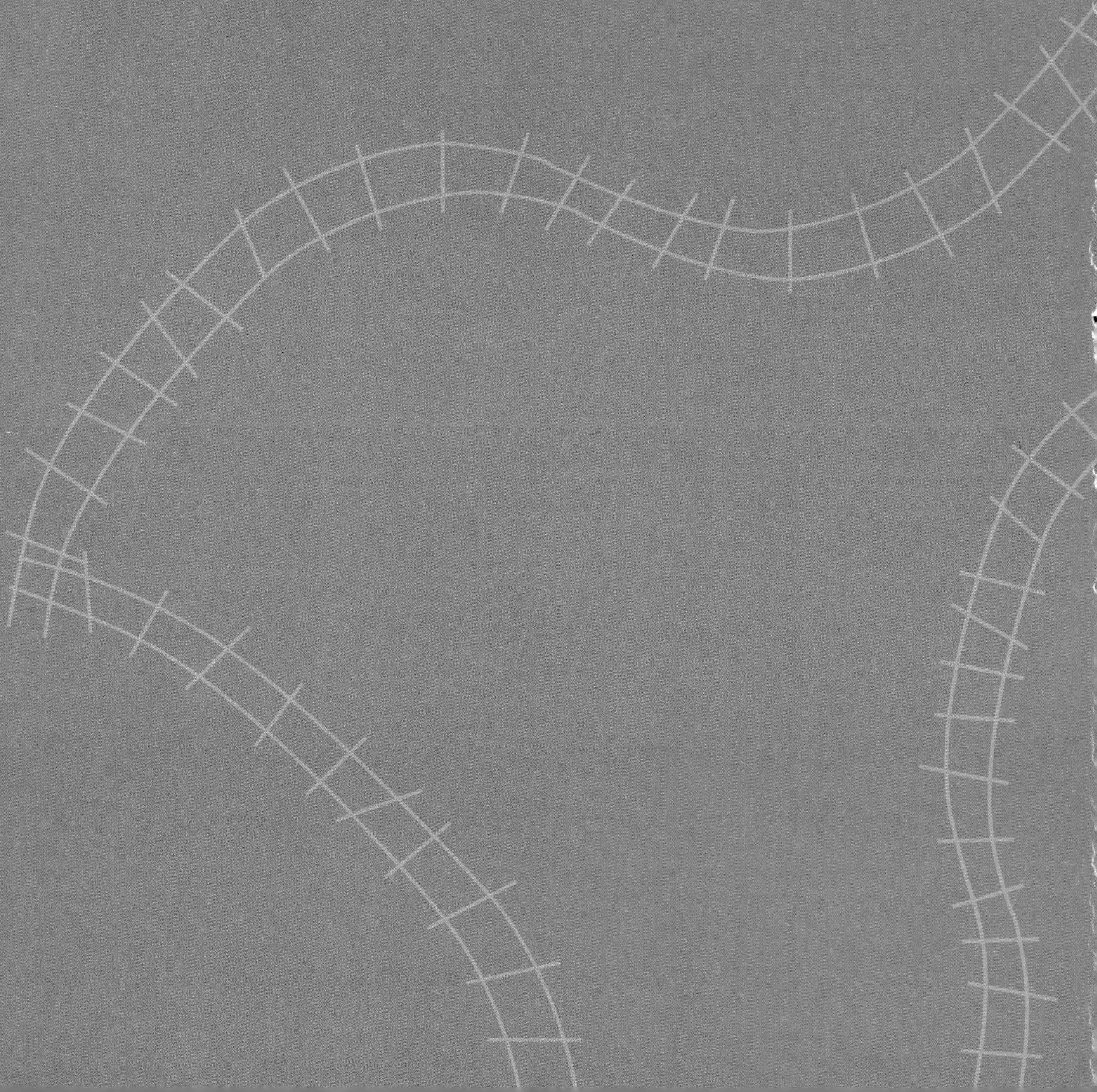